BARENGEKE KAHIWA Théophile

PATE A TARTINER A BASE D'AVOCAT :

BARENGEKE KAHIWA Théophile

PATE A TARTINER A BASE D'AVOCAT :

QUALITES MICROBIOLOGIQUES ET ORGANOLEPTIQUES

Éditions Vie

Cover image: www.ingimage.com

Publisher:
Éditions Vie
is a trademark of
Dodo Books Indian Ocean Ltd. and OmniScriptum S.R.L publishing group

120 High Road, East Finchley, London, N2 9ED, United Kingdom
Str. Armeneasca 28/1, office 1, Chisinau MD-2012, Republic of Moldova, Europe
Printed at: see last page
ISBN: 978-613-9-59374-3

RESUME

La mise en place d'une pâte à base d'avocat fut l'objectif global de cette œuvre en vue de sa conservation. Spécifiquement, Il s'agit de d'effectuer les analyses microbiologiques et sensorielles.

Ainsi, la baie d'avocat, le sucre, l'huile de tournesol, le jaune d'œuf, le beurre de cacao et le chocolat ont été utilisés comme matériel biologique et ont permis d'avoir quatre traitements distincts suivant le procédé de fabrication de Nutella.

Le dénombrement microorganismes était effectué en utilisant à la dilution décimale puis ensemencement dans un milieu solide préalablement solidifié pour les FAMT, les *S. aureus,* levures et moisissures. Pour *E. coli,* la coloration Gram a permis de détecter la présence ou l'absence. Quant aux analyses organoleptiques, la méthode descriptive a été utilisée.

Les résultats des analyses microbiologiques ont approuvé la conformité aux normes d'AFNOR, de JORA et du ministère de la santé sauf les champignons d'altération. Les analyses organoleptiques ont montré une appréciation de tous les traitements, avec une acceptabilité élevée du traitement n°4(Avocat, chocolat, sucre, lait à poudre, huile de tournesol, beurre de cacao, jaune d'œuf et vanille.).

Ce travail a abouti aux résultats souhaités au début de cette étude ayant d'énormes perspectives de recherche sur le plan physico-chimique.

Mots clés : Pâte à tartiner, Qualités microbiologiques et Qualités organoleptiques

ABSTRACT

The overall aim of this project was to develop an avocado-based paste with a view to preserving it. Specifically, the aim was to carry out microbiological and sensory analyses.

Thus, avocado berries, sugar, sunflower oil, egg yolk, cocoa butter and chocolate were used as biological material, enabling four distinct treatments following the Nutella manufacturing process.

Microorganism enumeration was carried out using decimal dilution followed by inoculation in a solid medium previously solidified for FAMT, S. aureus, yeasts and moulds. Gram staining was used to detect the presence or absence of E. coli. The descriptive method was used for organoleptic analysis.

Microbiological analysis results approved compliance with AFNOR, JORA and Ministry of Health standards, with the exception of spoilage fungi. Organoleptic analyses showed an appreciation of all treatments, with a high acceptability of treatment n°4 (avocado, chocolate, sugar, milk powder, sunflower oil, cocoa butter, egg yolk and vanilla).

This work has led to the results desired at the start of this study, with enormous research prospects in physico-chemical terms.

Keywords: Spreads, Microbiological and organoleptic qualities

LISTE DES SIGLES ET ABREVIATIONS :

µg : microgrammes

AGS : Acide Gras Saturés

Ass : Assistant

Cm : centimètre

DJA : Dose Journalière Acceptable

Dr : docteur

g : grammes

Ir : Ingénieur

JORA : Journal Officiel de la République Algérienne

kg : kilogrammes

l : litres

m : mètres

MF : matières fraiches

mg : milligrammes

min : minutes

mm : millimètres

°C : degré Celsius

Ufc : Unités formant colonies

UNIGOM : université de Goma

TABLE DES MATIERES

TABLE DES FIGURES

TABLE DES TABLEAUX

INTRODUCTION

Les fruits sont une composante importante d'une alimentation saine et, consommés quotidiennement en quantité suffisante, ils pourraient aider à prévenir des infections d'importance majeure, comme les maladies cardiovasculaires et certains cancers. Selon le **rapport sur la santé dans le monde** (2002), la faible consommation de fruits et légumes est la cause d'environ 31 % des cardiopathies ischémiques et de 11 % des accidents vasculaires cérébraux dans le monde.

Globalement, jusqu'à 2,7 millions de vies pourraient être sauvées chaque année en augmentant suffisamment la consommation de fruits et légumes. Les recommandations en ce sens viennent compléter et renforcer d'autres messages judicieux, fondés sur les effets bénéfiques pour la santé, connus depuis longtemps, de la consommation de fruits en tant que sources alimentaires de fibres, de protéines végétales et de micronutriments protecteurs.

Cette recommandation conforte l'argumentaire déjà solide des bénéfices de la consommation de fruits et légumes pour la santé et ouvre la voie à des actions concrètes pour l'augmenter. Les extraits bruts des plantes commencent à avoir beaucoup d'intérêt comme source potentielle de molécules naturelles bioactives (**Yakhlef G., 2010**).

De plus, la grande quantité d'acides gras présents dans l'avocat facilitera l'absorption des caroténoïdes dans le sang, ce qui réduit davantage les risques de cancer (**Lu Q., 2005**).

Les fruits et les légumes fournissent une source d'énergie abondante et bon marché, des substances nutritives de croissance, des vitamines et des minéraux. Leur valeur nutritive est supérieure lorsqu'ils sont frais, mais ce n'est pas toujours possible d'en faire une consommation immédiate. Pendant la période de récolte, on trouve des produits frais en abondance, mais le reste du temps, ils sont difficiles à trouver.

De plus, la plupart des fruits et des légumes ne restent que très peu de temps consommables si on ne les conserve pas rapidement selon une méthode appropriée (**James et B. Kuipers, 2003**)

En effet, les plantes sont capables de produire une grande diversité de produits ne participant pas à leur métabolisme de base, mais représentant plutôt des produits du métabolisme secondaire (**Akroum S., 2010**).

Il faut souligner l'excellent rapport vitamines/acides gras polyinsaturés dans l'avocat. On estime aujourd'hui qu'une alimentation bien pourvue en vitamine E a des effets protecteurs vis-à-vis du vieillissement cellulaire prématuré, des attentes d'athérosclérose et même des certains cancers (www.lanutrition.fr)

La dernière propriété intéressante mesurée sur l'avocat est le potentiel antioxydant. Celui-ci est dû aux phénols solubles totaux, la vitamine C, la vitamine E, le ß-carotène et les caroténoïdes totaux. Ce sont donc les phénols (24,2 mg/100g MF) et la vitamine C (58 % acide ascorbique) qui sont en majorité responsables de l'activité antioxydante de l'avocat **(Corral et *al.* 2008).**

La température idéale pour permettre le murissement est comprise entre 15 et 20^{0}C. Il est possible d'obtenir des fruits à un état de murissement homogène dans des enceintes permettant de contrôler principalement la température, l'humidité et la teneur en éthylène.

Nous observons plusieurs altérations physiologiques de l'avocat après récolte dû aux différents facteurs lors du stockage, entre autres les basses températures, la durée de stockage, un déficit de l'oxygène et excès du dioxyde de carbone (**Cirad, 2015**).

Dans ce travail, nous avons essayé de mettre en place une pâte à tartiner à partir du péricarpe de *Persea americana.* A notre connaissance, ce fruit est souvent consommé sous forme naturelle et au premier regard c'est le péricarpe qui intéresse le plus souvent l'alimentation humaine en Afrique.

- Vue la consommation routinière de l'avocat, sous quelle forme pourrions-nous conserver le baie d'avocat ?
- Etant donné la composition nutritionnelle de l'avocat, quelle serait la qualité microbiologique du produit fini ?
- Quelle serait le niveau d'acceptabilité sur le plan sensoriel du produit ?

Au vue, de ces préoccupations, nous nous sommes proposé des réponses suivantes :

- Non seulement nous pourrions isoler la chair de l'avocat, mais également la donner multiple formes permettant ainsi de l'avoir longtemps.
- Le mésocarpe de l'avocat étant constitué en majeure partie de lipides, les levures et les moisissures pourraient s'y développer, sans laisser à l'écart des bactéries.
- Dans le but de répondre au besoin de stocker l'avocat nous pourrions concevoir une pâte à tartiner sucré pour une bonne appréciation du consommateur.

En vue de permettre une bonne accessibilité à ce précieux fruit, et de réduire leur perte après cueillette nous nous sommes fixé de faire une transformation physique de l'avocat. Mise à part cet objectif global, notre travail va spécifiquement évaluer sa qualité microbiologique, à cela s'ajoute l'appréciation de sa qualité organoleptique, ajouter au menu du repas des populations africaines et surtout des congolais une pâte à tartiner.

Outre l'introduction et la conclusion, notre travail s'articule sur trois chapitres dont la première traite des généralités sur l'avocat et les pâtes à tartiner, la deuxième traite sur les matériels et méthodes, et la troisième traite sur les résultats et la discussion.

CHAPITRE I : GENERALITE SUR L'AVOCAT ET LES PATES A TARTINER

Avant de vouloir décrire différents termes qui constituent la maquette de notre travail, comprenons tout d'abord leur sens.

- **Une pâte à tartiner** : se définit comme étant un aliment au goût caractéristique qui accompagne un aliment au goût neutre tel que du pain, des crêpes, des biscottes, …. Le plus souvent, elle est consommée au petit-déjeuner ou au moment du goûter. La pâte à tartiner à une consistance pâteuse ou sirupeuse et peut être sucrée ou salée (**Detournay et Celis**, 2020).

- **L'avocat** : *Persea americana,* est un fruit tropical originaire d'Amérique centrale et d'Amérique du Sud, mais qui est largement répandu dans les tropiques **(Jerry et al, 2011).**

I.1 L'AVOCAT

I.1.1. DESCRIPTION BOTANIQUE

L'avocatier dont le nom scientifique est *Persea americana* est un arbre de taille moyenne à grande, de 9-20 m de hauteur qui est caractérisé par un feuillage persistant, bien que certaines variétés le perdent pendant une courte période avant la floraison. Les feuilles ont une taille allant de 7 à 41 cm et une forme variable (elliptique, ovale, lancéolé).

Les fleurs sont vertes jaunâtre et ont un diamètre de 1-1,3 cm. Les feuilles d'avocatier sont vertes et coriaces. Les fleurs, vertes aussi, s'ouvrent au début de la saison humide. Les organes mâles et femelles n'arrivent pas à maturité en même temps au sein d'un même arbre. Le fruit est une drupe avec une peau ayant une couleur allant du vert au noir et contenant un gros noyau. (**Amann et *al* ,2008)**

Figure 1. Fruit d'avocat, https://www.lanutrition.fr/bien-dans-son-assiette/aliments/fruits/avocat/les-caracteristiques-de-lavocat

I.1.2. ÉCOLOGIE

Le Mexique est le premier producteur mondial de l'avocat, l'explosion de la demande est en train de créer une catastrophe écologique.

Les différentes variétés d'avocats sont reparties dans le monde selon des critères bien définis ; Indien de l'Ouest qui se trouve dans les forêts d'Amérique centrale caractérisée par des gros fruits, bien adaptés aux régions tropicales sont à plus faibles teneurs en huile .La variété Mexicain, elle réside dans un habitat plus élevé avec période sèche de 6-8 mois hiver-printemps sont caractérisés par une peau très fine qui la rend vulnérable aux maladies, à une graine grosse et fruits plus petits. Guatémaltèque semblable à mexicain dans l'huile contenu et saveur, trouvé dans des conditions moins extrêmes communes dans la tropicale hautes terres avec des conditions fraîches toute l'année. (**Journal d'agriculture**, 1924)

I.1.3. CLASSIFICATION

Il existe plusieurs variétés au sein de l'espèce *P. americana* mais les deux espèces les plus connues sont ; *Persea drymifolia Cham*. Et *Persea americana* Mill. (**Leonard**, *et al*. 1931)

I.1.3.1. *Persea drymifolia* Cham

Ces avocatiers communs au Mexique sont caractérisés par une petite taille. Beaucoup d'arbres de cette espèce sont cultivés en Californie, au Chili et dans certaines parties de l'Europe et de l'Asie. Les feuilles de cette espèce ont une odeur d'anis qui permet de les identifier aisément. La peau de ces fruits est plutôt mince, dépassant rarement 4 mm d'épaisseur. (**Leonard**, *et al*, 1931)

I.1.3.2. *Persea americana* Mill

Persea americana Mill, appelé plus communément avocatier, est un arbre de la famille des Lauraceae. Il est originaire du Mexique, et se développe dans un climat tropical à sous tropical. L'arbre peut atteindre une hauteur de 20 mètres. Il existe environ 400 variétés, majoritairement cultivées à des fins alimentaires. De plus, de nombreuses propriétés médicinales leur sont associées. Ils sont couramment utilisés comme vermifuge ou contre la fièvre depuis longtemps. Aujourd'hui, beaucoup de pays cultivent cet arbre, mais le Mexique reste le leader (**Pérez**, *et al*, 2015)

I.1.4. LA COMPOSITION DE L'AVOCAT

L'avocat est une source riche de nutriments et de composés phytochimiques. Il fait partie des fruits et légumes ayant l'apport énergétique le plus important. En effet, sa teneur moyenne est de 155 kcal pour 100 g soit 638 kJ alors que la plupart des fruits et légumes ont une moyenne de 43,5 kcal pour 100 g. Cette propriété provient de sa composition particulièrement forte en lipides. (**Zheng Y**., ***et al***, 2017). L'avocat contient une quantité importante d'huile par rapport aux autres fruits. Cette huile est riche en acides gras mono insaturés dont la teneur en acide oléique est la plus élevée. (**Justina** *et al*, 2016).

Une étude précédente a mis en évidence la présence de différents polyphénols dont les acides perseitol, quinique, chlorogénique, trans-cinnamique, pantothénique et abscisique, ainsi que l'épicatéchine et la catéchine, dont les concentrations diminuent pendant le processus de maturation. A l'inverse, la concentration en acide férulique et l'acide ρ-coumarique augmente. (**Guzmán-Rodríguez**, *et al*, 2013). Dans le noyau et la peau de l'avocat les catéchines, procyanidines et acides hydroxycinnamiques ont été identifiés, alors que ce sont les acides hydroxybenzoïques et hydroxycinnamiques et des procyanidines qui seraient plus présents dans la pulpe (**Rodríguez-Carpena** JG, *et al*, 2015).

Persea americana renferment divers métabolites secondaires. Le prédominant caroténoïde dans l'avocat est la lutéine qui représente 70 % de ses caroténoïdes. L'α-carotène, le β-carotène, la zéaxanthine, la néoxanthine et la violaxanthine caroténoïdes présents en petites quantités à l'intérieur. Les tocophérols ont également été identifiés. Il s'agit du (E, Z, Z) -1-acétoxy-2-hydroxy-4-oxo-hénéicosa-5, 12,15-triène et ils ont été isolés à partir des idioblastes de l'avocat **Heloiza** *et al*, 2017).

La composition du fruit d'avocat se trouve très variable vu le grand nombre de variétés au sein du genre. Des valeurs moyennes de cette composition nous sont données par des spécialistes.

Selon ***Lanutrition.fr*** *publié le 10/08/2010 mis à jour le 21/11/2017,* Les lipides de l'avocat ont une composition originale, puisqu'ils sont constitués très majoritairement (pour près de 80 %) par des acides gras insaturés. L'acide oléique, mono-insaturé, domine largement, et dépasse 59 % du total des acides gras. Les acides gras poly-insaturés (notamment les acides linoléiques et linolénique) représentent 13 % du total, et les acides gras saturés (essentiellement l'acide palmitique) environ 21 %. L'avocat est dépourvu de cholestérol : on y trouve cependant des traces de bêta-sitostérol (qui appartient comme le cholestérol à la famille des stérols, mais ne possède pas le même métabolisme).

Les protides sont présents au taux moyen de 1,8 g aux 100 g. Leur qualité biologique est tout à fait satisfaisante, puisque leur indice protéique est de 75 (supérieur à celui du soja, et comparable à celui du poisson). Ils renferment en effet tous les acides aminés indispensables, dans de bonnes proportions (l'acide aminé limitant est le tryptophane). Ces protides constituent le noyau des cellules végétales et les nombreuses enzymes. On range aussi dans cette catégorie d'autres substances azotées, telles les amines (dont la sérotonine et la tyramine, présentes à l'état de traces), ainsi que des acides aminés libres. Les glucides ne dépassent pas 2 g aux 100 g (une valeur très inférieure à celle des autres fruits frais, où ils atteignent en moyenne 10 g). Il s'agit d'un mélange de glucose, fructose et saccharose, et surtout de substances glucidiques originales, tels des sucres-alcools (comme le perséitol), ou encore des sucres à cinq ou sept atomes de carbone, assez rares dans le règne végétal.

On trouve aussi, en faibles quantités, des acides organiques pouvant être classés parmi les substances glucidiques : acide malique (0,2 g aux 100 g), et acide citrique (0,08 g aux 100 g).

Dans l'avocat, les minéraux sont abondants : ils représentent environ 1,4 % du total des constituants (trois fois plus que dans les fruits frais) et sont largement dominés par le potassium (550 mg aux 100 g en moyenne, au lieu de 150 à 300 mg dans les fruits frais en général). D'autres substances minérales sont présentes en quantités relativement élevées : phosphore (44 mg) et surtout magnésium (33 mg, alors que ce taux dépasse rarement 10 à 15 mg dans les végétaux frais). Fer et cuivre sont bien représentés, avec respectivement 1mg et 0,24 mg aux 100 g. On note enfin la présence de zinc (0,62 mg) et de manganèse (0,19 mg), *https://www.lanutrition.fr/bien-dans-son-assiette/aliments/fruits/avocat/les-caracteristiques-de-lavocat.* L'avocat est aussi riche en vitamine par exemples : vitamine B9, car 100 g d'avocat apportent l'équivalent de 79,9ug. Le tableau 01 détaille la quantité des vitamines présents pour 100 g net d'avocat

Tableau 01 : la quantité des vitamines moyenne pour 100g net d'avocat.

Vitamines	Quantité
Provitamine A bêta-carotène	60ug
vitamine A	10ug
Vitamine B1	0,05mg
Vitamine B2	0,13mg
Vitamine B3	1 ,2mg
Vitamine B5	0,77mg
Vitamine B6	0,12mg
Vitamine B9	79,9ug
Vitamine C	4,07mg
Vitamine E	1,77mg

Source :*https://www.lanutrition.fr/bien-dans-son-assiette/aliments/fruits/avocat/les-caracteristiques-de-lavocat*

I.1.5. LES PROPRIETES DE L'AVOCAT

Plusieurs recherches ont trouvé des molécules aux propriétés intéressantes dans le fruit. Pour Commencer, un composé antifongique contre le pathogène *Colletotrichum gloesporiode* a été découvert en 2000 (**Domergue F**. *et al.* 2000). Quatre ans plus tard, Lu Q. montra que l'avocat est le fruit avec le plus de lutéine, qui représente 70 % de ses caroténoïdes. Ceux-ci se retrouvent dans l'extraction faite à l'acétone, accompagnés des tocophérols. Cet extrait permet d'inhiber la croissance des cellules cancéreuses de la prostate *in vitro*, alors que la lutéine seule ne le permet pas.

En 2007, Ding H. *et al.* Confirmèrent cette découverte en précisant que les molécules phytochimiques extraites mènent à l'apoptose en ciblant des voies de signalisation multiples et augmentant l'oxygène réactif intracellulaire (**Ding H. *et al.* 2007**).

Pour ce qui est du noyau, une extraction méthanolique suivie d'un fractionnement a permis de séparer et d'identifier trois composés d'acide chlorogénique et ses isomères, de l'acide quinique, des salidrosides, de la proantocuanidines B1 et B2. Des tests *in vitro* ont montré que ces molécules avaient des effets d'inhibition et de stimulation sur le keratinocyte et le fibroblaste humain (**Ramos- Jerz M., 2013**).

D'autres molécules phytochimiques bioactives ont été trouvées et ont pour effet d'améliorer l'hypercholestérolémie, l'inflammation, le diabète et l'hypertension. De plus, des effets insecticides, fongicides et antimicrobiens ont été encore une fois montrés (**Dabas D. *et al.* 2013**). L'huile extraite de ce noyau est riche en composés insaponifiables qui diminuent l'arthrose par des propriétés anti-cataboliques. De plus, elle inhibe la fibrinolyse et favorise la réparation du cartilage. Pour finir, il a été observé que ces insaponifiables réduisent l'absorption et la biosynthèse de cholestérol (**Christiansen B. *et al.* 2014**).

I.2. LA PATE A TARTINER

Deux classifications sont possibles selon que la pâte soit sucrée ou salée :

- **Les pâtes plutôt salées :**

Le beurre, La margarine, les fromages fondus ou à pâte fraîche, les pâtes à base d'arachides type Dakatine, les charcuteries à pâte type pâté, les pâtes à base d'extrait de levure.

- **Les pâtes plutôt sucrées :**

La confiture, la mélasse type Sirop de Liège, les sirops, le miel, les pâtes à base de cacao, les pâtes à base d'oléagineux, les pâtes à base de Spéculoos etc.

Dans le cadre de ce travail de fin d'études, l'objectif est de concevoir une pâte à tartiner à base de l'avocat. Comme l'avocat est un fruit mais riche en acide gras, il est bon de faire un détail sur les pâtes à base de cacao cas de la pâte à tartiner goût chocolat noisette, la forme la plus consommée (**Detournay et Celis**, 2020.)

I.2.1 PATE A TARTINER GOUT CHOCOLAT NOISETTE

I.2.1.1 Ingrédients

Le choix des ingrédients est une étape primordiale dans la confection de la pâte à tartiner. En effet, cela déterminera les qualités nutritionnelles et organoleptiques du produit final ainsi que sa position sur le marché, son prix et le choix des techniques de production.

La composition nutritionnelle d'une pâte à tartiner peut varier d'une marque à l'autre. Il est donc envisageable que les ingrédients cités ci-dessous soient modifiés. Les ingrédients de base sont le sucre, l'huile, les noisettes, le lait en poudre, le cacao et l'émulsifiant type lécithine. Les Variantes sont déterminées par l'ajout d'ingrédients tels que des amandes, du beurre, du sel ou encore des arômes (**Detournay et Celis**, 2020.).

- **Sucre**

Le sucre est une substance qui provient essentiellement de la canne à sucre et de la betterave sucrière. Il confère aux aliments un gout sucre et apporte également d'autres avantages techno

Fonctionnels. En effet, il est utilisé comme agent de texture dans la fabrication de biscuits, comme agent de structure en confiserie, comme support de cristallisation dans la fabrication de chocolat, comme stabilisant dans les mousses et les meringues, comme colorant naturel dans la réalisation du caramel et comme agent de conservation dans la fabrication des confitures. Le sucre est une molécule de saccharose, disaccharide, formée de fructose et de glucose. Il représente environ 75% des sucres ajoutes, sucres additionnes lors du processus de fabrication ou durant la préparation des aliments. Sa valeur énergétique correspond, comme pour tous les glucides, a 4kcal/g. Son pouvoir sucrant est égal à 100 et sert de référence en vue d'évaluer le potentiel sucrant des autres sucres (**Csergo**, 2008).

- **Huile de palme**

L'huile de palme est une huile végétale concrète issue de la pulpe des fruits du palmier à huile d'Afrique. Chaque fruit peut contenir jusqu'à 35% d'huile.

L'huile de palme peut être présente sous plusieurs formes : sous forme brute consomme dans les pays producteurs, sous forme de fractions et sous forme raffinée qui a subi des traitements de fractionnement, de désodorisation et de décoloration.

L'huile de palme contient près de 100% de lipides sous forme de triglycérides. La forme brute Contient 50% d'acides gras satures, 39% d'acides gras mono insaturés et 11% d'acides gras polyinsaturés. Cette dernière contient de grandes quantités de caroténoïdes (600-750mg/kg), des squalenes (14-15 mg/kg), des phytosterols (325-365 mg/kg) et des tocotrienols (717mg/kg) ; composes perdus lors du raffinage de l'huile (**Loganathan** *et al*, 2017). (**Lecerf**, 2017)

La forme raffinée, elle, est riche en vitamine E (15,94mg/100g), en vitamine K (8µg/100g) et en stérols végétaux (49mg/100g).

Elle est toutefois naturellement dépourvue d'acides gras tans et de cholestérol (**Lecerf,** 2017).

L'huile de palme est principalement consommée sous sa forme raffinée et désodorisée en Occident. On la retrouve dans de nombreux aliments comme la margarine, le chocolat, les confiseries, les gâteaux, les frites, les sauces, les glaces et les produits de boulangerie.

Sa faible teneur en acides gras polyinsaturés annonce un faible pouvoir oxydant ainsi qu'une préservation efficace dans les conditions adéquates de conservation. (**Lecerf**, 2017)

Par contre, sa teneur élevée en acides gras satures détermine une bonne stabilité à la cuisson ainsi qu'une solidité à température ambiante. Des lors, cette solidité lui concède une multitude d'usages industriels en se pourvoyant d'hydrogénation ainsi que de l'ajout de matières grasses animales naturellement plus riches en AGS (**Lecerf**, 2017).

L'huile de palme est utilisée par de nombreuses industries alimentaires car elle présente des propriétés techno-fonctionnelles intéressantes. En effet, son gout et son odeur après raffinage sont neutres, ce qui lui permet d'intégrer la composition de multiples produits sans affecter leurs propriétés organoleptiques.

L'huile de palme apporte également une sensation agréable en bouche avec une certaine patabilite. C'est elle qui permet d'obtenir la texture onctueuse et crémeuse de certaines pâtes à tartiner.

Par ailleurs, l'huile de palme donne une durée de conservation longue aux produits avec une préservation optimale de leurs propriétés organoleptiques et nutritionnelles.

Au vu de son pourcentage important en AGS, elle est aussi semi-solide voire solide à température ambiante, ce qui permet de structurer certains aliments.

Elle conserve également ses caractéristiques à des températures de cuisson élevée et se prête bien au fractionnement chimique qui sépare la stéarine de l'oléine (**Cargill** *et al.*, 2016) (**Delacharlerie** *et al.*, 2012) (**Liu** *et al.*, 2018).

- **Noisettes**

La noisette est le fruit du noisetier. Elle fait partie de la famille des graines oléagineuses. Cette dernière est riche en lipides et plus particulièrement en acide oléique (C18:1 cis-9) faisant partie des acides gras mono insaturés. Elle est l'un des oléagineux les plus riches en oméga 9.

Ce fruit est cependant peu riche en acides gras polyinsaturés. La noisette est également une source intéressante de protéines, constituées principalement d'acides aminés non essentiels, les plus abondants étant l'acide glutamique et l'acide aspartique.

C'est également un aliment riche en micronutriments tels que la vitamine E, le potassium, le

Phosphore, le magnésium, le calcium, le fer, le zinc, le cuivre et la vitamine B9. Elle est également source de fibres alimentaires.

Toutefois, sa composition nutritionnelle varie selon les variétés, les conditions climatiques lors de la culture et la composition des sols.

En agroalimentaire, les noisettes sont utilisées sous forme râpée, concassée et coupée en morceaux lors de l'élaboration de pâtisseries et de confiseries. On les retrouve dans la fabrication du nougat, de certains chocolats, de pralines, de barres céréales et de pâtes à tartiner.

De l'huile comestible peut également en être extraite avec un rendement en huile de 67,5% (**Peker**, 1962).

- **Cacao**

Les fèves de cacao sont torréfiées et ensuite broyées afin de produire une masse de cacao. Celle-ci est alors pressée afin d'obtenir deux substances : d'une part le beurre de cacao et d'autre part la poudre de cacao. Il existe différentes variétés de cacaoyers mais les trois principales sont Forasteros, Criollos et Trinitarios, situés sur la « ceinture du cacao ».

Les fèves de ces derniers seront sélectionnées par les chocolatiers pour leurs aromes bien distinctifs. En effet, la qualité gustative des fèves varie selon la variété et le lieu de production (**Castro-Alayo** *et al.* 2019) (**Wood** *et al.* 2008).

La poudre de cacao est beaucoup utilisée dans l'industrie agroalimentaire lors de la préparation de gâteaux, de confiseries et biscuits, mais peut également être utilisée en décoration sur des desserts ou cafés par exemple. La composition nutritionnelle du cacao en poudre est très attrayante avec une proportion élevée en protéines et en fibres ainsi que des apports intéressants en micronutriments tels que le fer, le magnésium, le phosphore, le potassium et le zinc. Toutefois, le cacao en poudre se consomme en très petites quantités, ce qui influence très peu les apports énergétiques et nutritionnels sur une journée (**Wood** *et al.* 2008).

- **Additif alimentaire : la lécithine de soja**

La lécithine de soja est fortement utilisée dans l'industrie agro-alimentaire et peut être d'origine Naturelle ou synthétique. La lécithine peut être synthétisée à partir d'huile de colza hydrogénée. Celle-ci subi une glycolyse qui produira du glycérol. Ensuite, il y aura une acylation et une phosphorylation du glycérol qui donneront la lécithine (**Aboiron et Hameury,** 2004).

Cette dernière ne produit pas d'effets négatifs sur l'organisme en cas de consommation excessive hormis si le consommateur présente une allergie à cet additif. Il n'y a pas de dose maximale (quantum satis), ni de dose journalière acceptable (DJA) figurant dans la législation. Dans le cas de la pâte à tartiner, la lécithine joue un rôle d'émulsifiant et de stabilisant. En effet, elle aide à solidifier le chocolat et elle permet, en outre, d'allonger la durée de conservation des aliments dans lesquels elle est présente (**Guillaume,** 1942).

I.2.1.2 Processus alimentaire de fabrication industrielle

Une pâte à tartiner traditionnelle est fabriquée selon 6 étapes bien définies :

- Le lait en poudre, le cacao et le sucre sont mélangés afin d'obtenir une pâte homogène
- Les noisettes décortiquées sont torréfiées à 150° durant 1 heure. Elles sont ensuite broyées afin d'obtenir une pâte plus ou moins lisse appelée « manteca » ;

- La première pâte homogène ainsi que la moitié de l'huile de palme sont alors additionnées au manteca. On obtient ici une pâte épaisse appelée « broyat » ;
- La lécithine de soja ainsi que la seconde moitié de l'huile de palme sont alors ajoutées au broyat. Ce mélange est ensuite chauffé à 45° durant 1 heure,
- Le mélange est alors transféré dans des silos refroidis en passant par différents paliers de température afin que la pâte cristallise ;
- La pâte à tartiner est alors injectée à vitesse élevée dans les pots. Ces derniers sont alors munis d'un couvercle et étiquetés.

Les étapes fabrication de la pâte à tartines au gout chocolat sont explicitées dans la figure 1 dessous :

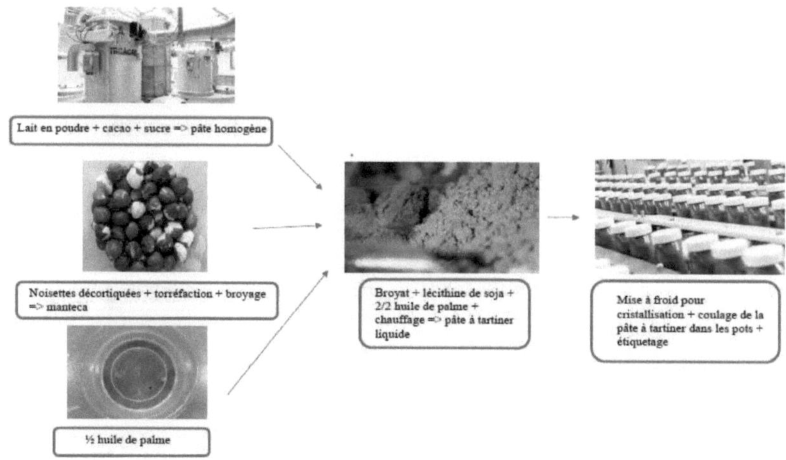

Figure 02 : Fabrication de la pâte à tartiner goût chocolat noisette

I.2.1.3 Les étapes de fabrication

- **La torréfaction**

Les noisettes décortiquées sont torréfiées durant 1 heure à 150° dans un torréfacteur traditionnel tournant à gaz.

Cette étape est très délicate car chaque degré de torréfaction risque de bruler la noisette. Il y aurait alors l'apparition d'une saveur amère et d'une couleur noirâtre qui seraient indésirables dans le produit. C'est pourquoi, 2 personnes s'occupent uniquement de cette étape très sensible. Le but de la torréfaction est de donner un arome un peu grille aux noisettes.

En effet, trois réactions interviennent lors de cette étape : la réaction de Maillard, la caramélisation et la réaction de Strecker (**Taş** *et al.* 2017).
La première réaction apporte l'arôme et la couleur caractéristique brunâtre. La réaction de Maillard est une réaction en chaine qui commence entre un sucre réducteur et un groupement amine ; sous l'effet de la chaleur, la succession de réactions entraine l'apparition de composes odorants et aromatiques ainsi que des pigments caractéristiques des produits grilles.
La caramélisation apporte à la fois l'arôme et la couleur au produit. C'est une réaction de brunissement non enzymatique qui intervient lors du chauffage à haute température. Les sucres se décomposent alors pour former des caramels (**Taş** *et al*, 2017).
La réaction de Strecker intervient essentiellement dans l'apparition de la couleur brunâtre caractéristique du produit (**Tas** *et al*, 2017).
Une fois les noisettes torréfiées, elles seront ensuite passées dans un moulin qui mixera le tout. La vitesse couplée à la friction donnera un mélange semi-liquide appelé la manteca.

- **Préparation de la pate**

Les ingrédients solides sont réunis dans un mélangeur. Ensuite, cette pate est ajoutée au manteca ainsi qu'à la moitié de l'huile de palme nécessaire dans la recette. Cette étape se passe dans des pré-affineuses à 2 ou 5 cylindres. En ressort alors une pâte épaisse et granuleuse appelée « broyat ».

- **Le conchage**

Le broyat, une masse un peu épaisse qu'il va falloir homogénéiser, est mélangé avec la lécithine et le reste de l'huile de palme. Ce mélangé passe alors dans des conches afin de polir le chocolat. A ce moment, on travaille sur un effet de rhéologie, c'est-à-dire qu'on embaume les facettes des cristaux de sucre avec la poudre de cacao. Le conchage est également une étape importante car elle permet d'apporter de la viscosité au chocolat et lui apporte ainsi tout son arome (**Blanco** *et al.*, 2019). Le mélangé obtenu est alors chauffe 45°C durant 1 heure afin que la pâte s'assouplisse.

- **Conditionnement et emballage**

La dernière étape avant la mise en pot est le refroidissement. La pâte à tartiner est mise dans des silos qui seront refroidis en passant par différents paliers de température dans le but que la pâte cristallise.
Une fois le produit final obtenu, la mise en pot peut commencer. Quatre lignes industrielles sont disposées parallèlement les unes par rapport aux autres. Chacune est caractérisée par une taille

spécifique de pot. La pâte à tartiner est alors injectée à toute vitesse dans les flacons de manière automatisée.

Apres vérification visuelle et par capteurs optiques, les pots sont scellés, puis étiquètes.

Les pots sont alors emballés.

CHAPITRE II : MATERIELS ET METHODES

Les avocats utilisés dans cette étude ont été achetées à Goma, précisément au marché Birere. La première phase est l'expérimentation (fabriquer une pâte à tartiner à base d'avocat) et la seconde phase consacrée aux analyses microbiologiques et organoleptiques de la pâte. Ces analyses ont été réalisées au laboratoire de l'ULPGL/ Goma.

II.1 MATERIEL

Le matériel de base ou biologique utilisé lors ce travail est constitué :

- Des avocats : variété *criollo*
- Du beurre de cacao acheté à la chocolaterie Lowa à Goma,
- Huile de tournesol
- De Sucre blanc,
- De lait écrémé de vache en poudre de la marque COWBELL,
- Chocolat blanc,
- Lécithine de soja (Jaune d'œuf) et
- La vanille.

La préparation de cette pâte ainsi que les manipulations au laboratoire ont mis à contribution d'autres matériel (Non biologique) comme :

Balance, bassins et seaux, casserole, broyeur électrique, flux marmite, mixeur électrique, thermomètre, pots en plastique, réfrigérateur, bécher, milieux de culture, boites de Pétri, pipettes, autoclave, incubateur, tubes à essai, ouate, etc.

II.2 LES METHODES

La pâte à tartiner à base d'avocat était fabriquée en se référant sur la technologie de fabrication de la pâte à tartiner au gout de chocolat noisette telle que décrite par **Detourney et Celis** (2020). Comme l'avocat présente une composition presque similaire à celle des noisettes sur le plan gras, fibres et minéraux. Il a pris dans cette étude la proportion des noisettes voir technologie **Detourney et Celis**. Les traitements se diversifient au niveau de la source des lipides à acides gras saturés ; ainsi le beurre de cacao était utilisé grâce à ces propriétés techno-fonctionnelles à la place de l'huile de palme.

Le **Traitement 0** contient seulement les lipides d'avocat donc 0% beurre de cacao, le **Traitement 1** renferme 25% du beurre de cacao, le **Traitement 2** possède 50% du beurre de cacao et le **Traitement 3** s'est effectué avec 75% de beurre de cacao tandis que le **Traitement 4** a utilisé 100% de beurre. Ces traitements ont suivi les proportions de la formulation de la pâte à tartiner gout chocolat noisette de l'essai N°13 qui offrant la meilleure texture et plaisant lors de la dégustation dans l'étude **de Detournay et Celis** comme nous renseigne le tableau N°2.

Tableau N°2 : **Formulation de la pâte à tartiner gout chocolat noisette de l'essai n°14**

Essai	Chocolat noir (g)	Noisette (g)	Sucre glace (g)	Lait en poudre (g)	Huile de tournesol (g)	Huile de palme (g)	Vanille	Commentaires
11	100	80	40	25	15	/	0,2	Légèrement trop compacte
12	100	125	40	25	15	/	0,2	Légèrement trop liquide
13	100	80	40	25	/	15	0,2	Légèrement trop compacte
14	100	100	40	25	15	/	0,2	Ok

La proportion des ingrédients utilisés dans la présente étude sont explicités dans le table Tableau N° 3

Tableau N° 3 : Proportion des ingrédients des pâtes à tartiner à base d'avocat

Traitement	*Chocolat blanc(g)*	*Avocat (g)*	*Sucre blanc (g)*	*Lait en poudre (g)*	*Huile de Tournesol (g)*	*Beurre de cacao (g)*	*Vanille (g)*	*Jaune d'œuf (g)*
T0	100	110	40	25	/	/	0.2	0.2
T1	100	91.25	40	25	15	3.75	0.2	0.2
T2	100	87.5	40	25	15	7.5	0.2	0.2
T3	100	83.75	40	25	15	11.5	0.2	0.2
T4	100	80	40	25	15	15	0.2	0.2

II.2.1 PROCEDURES DE FABRICATION DE LA PATE

Une pâte à tartiner d'avocat était fabriquée selon 7 étapes bien définies :

- Éplucher les avocats, ceux-ci étaient bien lavés à l'eau propre avant ladite opération effectuée par des couteaux et des mains bien lavées également et stérilisés.
- Séparer les avocats des amandes avec des couteaux,
- Mélanger les petits morceaux de baie d'avocat pendant 5 à l'aide d'un mixeur électrique type Nobel, ce qui permet l'obtention d'une pâte semi-liquide homogène,
- Faire fondre le chocolat au bain-marie à une température de 55 °C.
- Mélanger le sucre, la vanille, la poudre de lait et la pâte d'avocat l'aide un broyeur électrique d'une puissance de 450 watts pendant 3 minutes.
- Ajouter l'huile selon les différents traitements et mélanger à l'aide du mixeur pendant 2 minutes.
- Ajouter le chocolat fondu et mélanger avec le mixeur pendant 4 minutes.
- Laisser reposer la pâte à tartiner minimum 24 h à 20 °C pour permettre la cristallisation.

II.2.2 SCHEMA TECHNOLOGIQUE

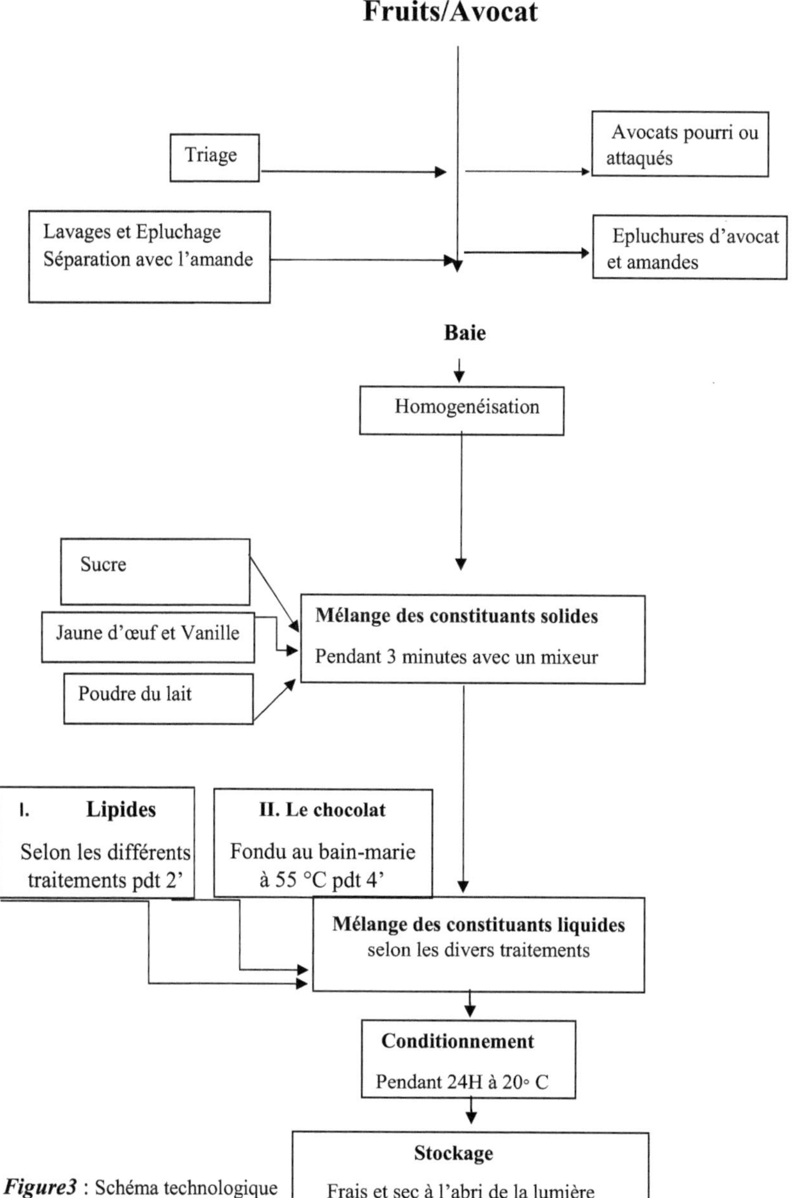

Figure3 : Schéma technologique

II.2.3. ANALYSES MICROBIOLOGIQUES

Recherche des microorganismes

Les microorganismes recherchés sont : la flore mésophile totale, les staphylocoques aureus, les *Escherichia coli* et les levures et les moisissures.

L'objectif principal du contrôle microbiologique de la préparation alimentaire est de révéler la présence éventuelle des microorganismes indésirables, et ceci dans le but d'assurer une meilleure qualité ou la salubrité du produit fini.

- **Recherche et dénombrement des flores aérobies mésophiles totales**

Pour les analyses bactériologiques nous avons effectué des cultures sur des milieux de culture telle que le Nutrient Agar et nous avons ensuite incubé à 37°C.

Pour l'identification des bactéries nous avons procédé par la coloration Gram accompagné du test d'oxydase et de catalase qui nous ont permis de catégoriser les bactéries selon la coloration au microscope, sa capacité réactionnelle et la mobilité.

1. ***Préparation des milieux de culture***

Matériels :

Balance de précision, Réchaud ou plaque chauffante, Marmite à pression, Cupule, Spatule, Bouteilles en pyrex, Boîte de petri stérile, Lampe à alcool, Chronomètre, Eau distillée, pH-mètre

2. ***Préparation proprement dite***

➢ **Nutrient Agar L007481 (Rev. 08. July 2006)**

Le Nutrient Agar est un milieu polyvalent servant à la culture d'un grand nombre de microorganismes bactériens.

Principe de préparation

A l'aide d'une eau distillée liquéfier la Nutrient Agar dans les tubes au bain marie à jusqu'à l'ébullition. Laisser refroidir entre 45 et 50°C, puis couler dans des boîtes de Petri et laisser prendre une consistance pendant au moins 30 minutes. Prélever 0,1ml d'eau à l'aide d'une anse de platine stérile et former une nappe sur la gélose autour d'une lampe à alcool allumée.

Ayant des dilutions de 10^{-1} à 10^{-6}, prélever 1ml des dilutions (de 10^{-1} à 10^{-3}) et ensemencer dans la gélose dans les boîtes. Puis incuber les boîtes en atmosphère aérobie à 35 ± 2°C. Agées de 18 à 24h, sortir toutes les cultures de l'incubateur et apprécier la pousse sur chaque milieu en tenant compte des caractères morphologiques de chaque colonie bactérienne.

Résultats attendus

Pseudomonas aeruginosa : croissance modérée à importante, pigmentation verte (ATCC 10145) et *Staphylococcus aureus* : croissance modérée à importante, colonies de couleur crème à doré (ATCC 25923)

Passer au dénombrement des colonies en sachant qu'une colonie correspond au nombre de colonies compté sur la boîte multipliée par l'inverse de sa dilution.

- **Recherche des *E. coli***

Cette recherche a été opérée à partir de la coloration Gram.

a) Coloration de Gram

C'est la coloration de base en bactériologie qui permet de distinguer les bactéries en Gram positif et en Gram négatif, cette distinction est fondamentale pour leur identification. En effet, le violet de gentiane se fixe sur des composants cytoplasmiques et après ce temps de coloration, toutes les bactéries sont violettes. Chez les bactéries à Gram négatif, la paroi, riche en lipides, laisse passer l'alcool (ou le mélange alcool + acétone) qui décolore le cytoplasme alors que, chez les bactéries à Gram positif, la paroi constitue une barrière imperméable à l'alcool et le cytoplasme demeure coloré en violet. **(Aminetu *et al*, 2008)**

1. ***Matériels***

Lames, Lampe à alcool, Bac de coloration, Anse de platine, Chronomètre, Microscope

2. ***Réactifs :***

Violet de gentiane phénique, Lugol (iodo-iodure de potassium) , Alcool à 95% (ou mélange alcool absolu+ 1/5ème d'acétone) , Safranine (ou Fuchsine phéniquée de ziehl)

3. *Principe* :

Le cristal violet (violet de gentiane) colore toutes les bactéries en bleu violet, le Lugol renforce le complexe violet bleu. La safranine récolore les bactéries ainsi décolorées en rouge. Les bactéries ayant formé un complexe violet bleu indissociable à l'alcool acétone sont dites bactéries Gram positif et celles ayant subi la décoloration à l'alcool acétone et ayant retenu le dernier colorant rouge sont dites bactéries Gram négatif.

4. ***Mode opératoire***

- Stériliser la lame propre et dégraissée à l'aide de la lampe à alcool.

- Ajouter une petite goutte d'eau physiologique stérile sur la lame stérile

- A l'aide d'une anse de platine stérile, piquer une colonie ciblée sur gélose et l'étaler puis fixer sur la lame dans la goutte d'eau stérile autour de la lampe à alcool bien allumée.

- Placer la lame sur le bac de coloration puis y ajouter le cristal violet et chronométrer 1 minute

- Rince à l'eau de robinet, puis ajouter la solution du Lugol et chronométrer 1 minutes

- Rincer à l'eau de robinet

- Décolorer à l'alcool acétone jusqu'à ce que la dernière goutte soit incolore.

- Rincer à l'eau de robinet puis y ajouter la safranine pendant 1 minute ou 30 secondes.

- Rincer à l'eau de robinet puis sécher et faire la lecture au microscope à l'objectif de 100 fois dans l'huile à immersion.

Identification des bactéries : Lecture des résultats

- les bactéries colorées en violet bleu sont dites bactéries Gram positif

- Les bactéries colorées en rouge sont dites bactéries Gram négatif

b) Test d'Oxydase

Ce test vise la détermination de la présence des oxydases en les faisant réagir avec un papier indicateur : Oxydase strip. A l'aide d'une anse de platine stérile, on pique une colonie cible que l'on met dans 2 ou3 gouttes d'eau distillée. On met le papier indicateur à contact avec ses bactéries. Le test est positif si le papier indicateur a absorbé ces bactéries, et il est négatif dans le cas contraire.

c) Test de catalase

Comme solution d'analyse on utilise l'eau oxygenée. En principe on prélève une goutte de cette eau que l'on met dans une boîte de pétri stérile ou sur une lame de verre. A l'aide d'une anse de platine stérile, on préléve un fragment de la colonie cible que l'on ajoute dans cette goutte d'eau. Si on observe à l'œil nu la formation d'une effervescence accompagnée d'un dégagement de gaz témoigne la présence de catalase.

- **Recherche et dénombrement des levures et moisissures selon (NFV 08-059)**

Les levures et moisissures sont des champignons hétérotrophes, organismes eucaryotes uni ou multicellulaires. La structure de la cellule est celle d'une cellule eucaryote. Les levures sont des champignons unicellulaires qui constituent un groupe morphologique relativement homogène. Les moisissures sont des champignons filamenteux uni ou multicellulaires.

La méthode utilisée est le dénombrement par incorporation à la gélose SDA (Sabouraud Dextrose Agar). Sa composition est telque pour 1 litre de milieu : peptone pepsique de viande 10g, glucose 35gr, Agar agar 15g, pH= 5,7

Pour la préparation du milieu de culture il s'agit de mettre en suspension 60g de milieu déshydraté dans un litre d'eau distillée ou déminéralisée. Porter à l'ébullition lentement en agitant jusqu'à dissolution complète. Répartir en tubes ou flacons. Stériliser à l'autoclave à 120°C pendant 15 minutes.

Couler dans les boîtes de Pétri le milieu Sabouraud dextrose agar. Prélever 1ml des dilutions 10-1 et 10-2 dans des boites de pétri et ensemencer dans le milieu. Incuber à 37°C pendant 48heures. Le dénombrement se fait en tenant compte des boîtes de Pétri contenant 30 à 300 colonies (**Mercket,** 1972)

Lecture :

Les colonies des levures sont brillantes, rondes et bombées, de couleurs différentes, et de formes convexes ou plates et souvent opaques.

Les colonies des moisissures sont épaisses, filamenteuses, pigmentées ou non à aspect velouté et sont plus grandes

Expression des résultats

- La première lecture doit se faire après 48h. Les colonies des levures ressemblent à celles des bactéries. Elles sont rondes, bombées et brillantes. Pour les moisissures, les colonies sont filamenteuses à aspect velouté (**BENAISSA**, et al, 2018).

II.2.4. ANALYSES ORGANOLEPTIQUES

Nous avons évalué les paramètres ci-après pour les analyses sensorielles : la couleur, la flaveur, et le goût ou la saveur par les dégustateurs.

Les échelles de cotations suivantes ont été utilisées :

- **Pour l'aspect visuel :** 1. Coloration : qui partait de peu coloré à très coloré

  2. Brillant : qui allait de faible à fort

- **Pour la flaveur :** 1. Sucré : allait de peu prononcer à très prononcer

  2. goût amer : allait d'absent à fort

  3. Goût de chocolat : se situait dans l'échelle de faible à fort

  4. Goût du lait : allait également de faible à fort

Pour définir le profil sensoriel, un endroit propice et calme a été choisi et 8 personnes consommateurs des pâtes à tartiner et possédant des notions de l'Agroalimentaire ont réalisé ce test.

II.2.5 ANALYSE STATISTIQUE

Les analyses statistiques ont été réalisées à l'aide du logiciel Genstat Discovery Edition 4 au seuil de probabilité 0.05.

CHAPITRE III : RESULTATS ET DISCUSSIONS

III.1. RESULTATS DES ANALYSES MICROBIOLOGIQUES

Le tableau n° 4 présente les résultats des analyses microbiologiques effectuées sur les cinq différents traitements.

Tableau n° 4 : **Résultats des analyses microbiologique de la pâte à tartiner**

Traitements Germes	T0	T1	T2	T3	T4	CV (%)	PPDS	Décision
Escherichia Coli	Absence	Absence	Absence	Absence	Absence	-	-	Conformes
FAMT	1068^{a}±46.7	822^{c}±31.1	773^{cd}±18.4	1000^{ab}±62.2	668^{d}±45.3	5	111.5	HS
Staphylococcus Aureus	240^{a}±56.6	240^{a}±14.1	207^{b}±17.7	209^{a}±29	288^{a}±15.6	13.1	79.6	NS
Levures et moisissures	2482^{abc}±45.3	2554^{ab}±90.5	2073^{e}±32.5	2299^{d}±46.7	2590^{a}±28.3	2.2	137.4	HS

Source *: Nos analyses (2020)*

- *Avec T_0 : Avocat, chocolat, sucre, lait à poudre, jaune d'œuf et vanille, T_1 : Avocat, chocolat, sucre, lait à poudre, huile de tournesol, beurre de cacao, jaune d'œuf et vanille, T_2 : Avocat, chocolat, sucre, lait à poudre, huile de tournesol, beurre de cacao, jaune d'œuf et vanille, T_3 : Avocat, chocolat, sucre, lait à poudre, huile de tournesol, beurre de cacao, jaune d'œuf et vanille, T_4 : Avocat, chocolat, sucre, lait à poudre, huile de tournesol, beurre de cacao, jaune d'œuf et vanille.*

- *Les moyennes ne présentant pas la même lettre sont significativement différentes au seuil de probabilité de 5%.*

Les données ci-haut représentées révèle que la différence entre les moyennes est non significative entre les différents traitements pour les staphylocoques, et qu'il y a une homogénéité entre les données de répétitions avec un CV inférieur à 15%. Tenant compte du CV pour les flores aérobies mésophiles totales qui est inférieur à 15%, cela nous montre une différence hautement significative entre les moyennes bien que les données de nos deux répétitions soient homogènes. Quant aux levures et moisissures, ce tableau nous présente encore un cas d'homogénéité entre les données et dont la différence entre les moyennes est hautement significative.

Les résultats des analyses microbiologiques permettent de savoir le niveau de contamination qu'avaient les traitements (pâte à tartiner) avant de le déclarer propre à la consommation.

La coloration gram, nous a permis dans cette étude de détecter la présence ou l'absence d'*Escherichia coli.* Les mains véhiculent la plupart du temps les germes de contamination fécales (E. coli, autres thermorésistants) qui sont souvent responsables des affections diarrhéiques et des gastro-entérites. Ceci a déjà été prouvé par plusieurs études (**Baba-Moussa** *et al*, 2006). Après séchage de bactéries qui ont subi diverses colorations sur la lame selon le mode opératoire, nous avons observé la coloration des bactéries au microscope photonique et nous avons observé que nous avions des bactéries Gram positif car celle-ci étaient coloré en violet intense tendant vers le bleu, pour conclure à l'absence des *Escherichia coli* qui sont des bactéries Gram négatif. Les coliformes fécaux (*Escherichia coli*) sont des indicateurs d'une éventuelle contamination fécale et d'une pollution bactérienne des eaux par les bactéries Gram -, anaérobies facultatives. Elles produisent des puissantes toxines appelées "vérotoxines" responsables des pathologies (**Zuliani et Garry**, 2004). L'absence de ces germes dans nos traitements confirme notre attention sur la qualité de l'eau utilisée lors de différentes manipulations et les soins appliques à nos différentes préparations.

Une étude faite dix ans souligne que la recherche des germes aérobies, flore d'altération, permet de déterminer la qualité de produit fini ainsi que les conditions de fabrication **(Jean-Louis, 2007).** Selon les normes mises en vigueur par ***Mikrobiologische Untersuchung von Lebensmitteln J. Baumgart***, les cinq trainements sont de bonne qualité, conformes pour la consommation car tous les résultats trouvés (T0 :1068UFC/g, T1 :822UFC/g, T3 : 733UFC/g, T4 : 1000 UFC/g et T5 :668UFC/g) sont trop inférieur à $5\ 10^{4}$ UFC/g quantité maximum à ne pas dépasser (**Ministère de la santé**, 2018). Ceci est aussi confirmer par AFNOR dont les normes préconisent un seuil maximum de 10^{6} pour la flore anaérobie mésophile totale.

Les résultats obtenus voir tableau N° 4 des *Staphylococcus aureus* sont dans les normes, pour dire que la consommation de ces pâtes à tartiner ne peut pas causer des troubles digestifs car ils sont inférieurs à 10^{3} (**Ministère de la santé**, 2018). Les *Staphylococcus aureus* sont des bactéries saprophytes que l'on rencontre sur la peau de l'homme et des animaux. *Staphylococcus aureus* est le plus régulièrement pathogène. Il est en particulier fréquemment capable de produire une ou des « entérotoxines », protéines thermostables, responsables, après ingestion, des troubles digestifs chez l'homme. Ce qui en fait des agents de contamination par manipulation (**Pouneyrol** *et al.* 1997). Les normes **AFNOR** qui prévoit un seuil de 10^3ufc/g pour une pâte à tartiner. Pour T1, T2, T3 et T4 avec les moyennes respectives de 240ufc/g, 207ufc/g, 209ufc/g et 288ufc/g, nous constatons que le T4 à plus favoriser le développement des staphylocoques par rapport aux autres traitements, cependant le produit reste toujours propre à la consommation car ces moyennes sont largement inférieures au seuil de tolérance.

A ce qui concerne les levures et moisissures, les résultats de nos analyses ont montré un développement considérable des levures étant donné que les moyennes obtenues T4 a présenté une valeur de moyenne de répétition de 2590ufc/g légèrement supérieure à celles des autres traitements qui représentent respectivement : T0 avec 2482ufc/g ; T1 avec une moyenne de 2554ufc/g ; T2 avec la moyenne de répétition 2073ufc/g et enfin T3 avec 2299ufc/g. Ces moyennes sont confrontées aux normes qui préconisent que pour le nombre d'ufc/g ne doit pas dépasser 10^4 pour les levures et 10^3 pour les moisissures (**Ministère de la santé,** 2018). Tous les traitements dépasser ces normes parce que les produits n'étaient pas pasteurises par peur que les lipides s'y trouvant ne se liquéfient pas. Ceci impose l'utilisation de préservant inhibiteur du développement de ces microorganismes. Les levures responsables de la contamination des aliments sont souvent des espèces bien connues qui provoquent des changements indésirables dans les produits. Elles sont généralement acidophiles et mésophiles, se multipliant à des pH compris entre 3 et 7,5 et à des températures optimales voisinant 25 et 28°C **(Bellin,** 1997**).** Selon ***Le guide d'interprétation des levures et moisissures*** de l'Europe, les levures et moisissures sont des micro-organismes très variés et ne peuvent pas toujours être distingués macroscopiquement les unes des autres. Comme pour les autres méthodes, une différentiation peut être réalisée après observation microscopique.

III.2. RESULTATS DES ANALYSES ORGANOLEPTIQUES

Le tableau n° 5 présente les résultats des analyses sensorielles effectuées sur les cinq différents traitements ou échantillons.

Tableau n° 5 : Résultats des analyses sensorielles de la pâte à tartiner

Echantillons / Paramètres	E1	E2	E3	E4	E5	CV (%)	PPDS	Décision
x̄ Couleur	$6.12^{ab} \pm 1.57$	$7.12^{a} \pm 1.7$	$6^{ab} \pm 0.69$	$5.12^{b} \pm 1.6$	$5^{b} \pm 1.67$	20.5	1.22	HS
x̄ Brillant	$6.25^{a} \pm 1.57$	$6.88^{a} \pm 1.25$	$5.88^{a} \pm 1.6$	$5.75^{a} \pm 1.89$	$5.38^{a} \pm 1.41$	27.9	1.7	NS
x̄ Sucré	$6.5^{a} \pm 2.15$	$6.62^{a} \pm 1.77$	$6.88^{a} \pm 1.13$	$5.88^{a} \pm 1.5$	$5.75^{a} \pm 0.63$	24.4	1.56	NS
x̄ Amer	$0.125^{a} \pm 0.38$	$0^{a} \pm 0$	$0.25^{a} \pm 0.38$	$0.25^{a} \pm 0.38$	$0^{a} \pm 0$	266.2	0.33	NS
x̄Goût chocolat	$4.88^{a} \pm 2.56$	$4.25^{a} \pm 1.8$	$4.62^{a} \pm 1.15$	$5.75^{a} \pm 1.35$	$6.12^{a} \pm 2.50$	38.3	2	NS
x̄ Goût lait	$5.50^{a} \pm 2.06$	$5.62^{a} \pm 1.99$	$6.5^{a} \pm 1.15$	$6.25^{a} \pm 0.82$	$5.62^{a} \pm 2.74$	29.1	1.74	NS

Source : **Nos analyses (2020).**

- ***E1 :*** *T_0 : Avocat, chocolat, sucre, lait à poudre, jaune d'œuf et vanille,* ***E2*** *: T_1 : Avocat, chocolat, sucre, lait à poudre, huile de tournesol, beurre de cacao, jaune d'œuf et vanille,* ***E3 :*** *T_2 : Avocat, chocolat, sucre, lait à poudre, huile de tournesol, beurre de cacao, jaune d'œuf et vanille,* ***E4*** *: T_3 : Avocat, chocolat, sucre, lait à poudre, huile de tournesol, beurre de cacao, jaune d'œuf et vanille,* ***E5*** *: T_4 : Avocat, chocolat, sucre, lait à poudre, huile de tournesol, beurre de cacao, jaune d'œuf et vanille.*
- *Les moyennes ne présentant pas la même lettre sont significativement différentes au seuil de probabilité de 5%.*

Les données représentées dans le tableau ci-haut révèlent qu'il y a une haute différence significative entre les moyennes de l'aspect visuel coloré pour les différents traitements tandis que pour l'aspect visuel brillant, le goût sucré, le goût amer, le goût chocolat et le goût du lait il n'y a pas des différences significatives quant à leurs moyennes. Cela dit pour le goût amer et le goût chocolat les données se sont présentés comme étant désordonnées avec des CV qui sont largement supérieur à 30%

Six paramètres ont été évalués pour les principaux échantillons : la couleur, l'aspect brillant, la saveur sucrée, le goût amer, le goût du chocolat et le goût du lait.

- **La couleur**

Les résultats ci-haut représentés révèlent que le traitement T1 (constitué de 91.25g d'avocat ,100g de chocolat blanc, 40g de sucre blanc, 25g de lait en poudre, 15g d'huile de tourne sol, 3.75g de beurre de cacao, 0.2g de vanille et un 0.2g de jaune d'œuf) s'est présenté comme étant assez coloré avec une moyenne de 7.12±1.7 par rapport au T0 (faite à base de mêmes constituant que T1 mais sans le beurre de cacao et l'huile de tournesol) qui s'est présenté comme étant coloré avec une moyenne de 6.12±1.57.

La couleur d'un produit alimentaire est un paramètre déterminant lors du choix du consommateur. En effet, la vue est un des premiers sens qui rentre en jeu lorsque nous devons nous orienter vers l'une ou l'autre denrée. Par ailleurs, dans le cahier des charges du produit, nous avons déterminé vouloir confectionner une pâte à tartiner de couleur brune nous rappelant le goût chocolat proche de celle du leader du marché Nutella dont les noisettes furent changées par l'avocat compte tenu de leur absence dans la région (**Detournay et Celis**, 2020).

- **L'aspect brillant**

Nos résultats ont révélé que tous les traitements ont un aspect assez brillant, cependant les dégustateurs ont apprécié plus le T1 avec une moyenne de $6.88^{a} \pm 1.25$ par rapport au traitement T4 (constitué de 80g d'avocat ,100g de chocolat, 40g de sucre blanc, 25g de lait en poudre, 15g d'huile de tourne sol, 15g de beurre de cacao, 0.2g de vanille et un 0.2g de jaune d'œuf) qui a présenté une moyenne de $5.38^{a}\pm1.41$.

- **Saveur sucré**

Il ressort de nos résultats d'analyse que tous les traitements ont présentés une saveur sucrée mais en tête celle du T2 (constitué de 87.5g d'avocat ,100g de chocolat, 40g de sucre blanc, 25g de lait en poudre, 15g d'huile de tourne sol, 7.5g de beurre de cacao, 0.2g de vanille et un 0.2g de jaune d'œuf) a été plus apprécié par les dégustateurs avec une moyenne de $6.88^{a}\pm1.13$ par rapport T4 qui a été apprécié comme étant sucré mais modéré avec une moyenne de $5.75^{a}\pm0.63$. Il est à signaler que tous les traitements n'ont pas présenté de saveur amère.

- **Goût chocolat**

Vu l'incorporation du chocolat dans la technologie de notre pâte à tartiner, nous avons voulu déceler la prédominance du goût de chocolat dans la pâte à tartiner pour les différents traitements. Au regard des moyennes des analyses, il ressort que le traitement T4 a présenté un goût modéré en chocolat avec une moyenne de $6.12^{a}\pm2.50$ par rapport aux autres traitements.

- **Goût du lait**

Pour ce qui du goût du lait, le tableau des moyennes nous montre que T2 est celui qui a eu un goût prédominant en lait par rapports aux autres traitements avec une moyenne de $6.5^{a}\pm1.15$. Cela pourrait s'expliquer par la baisse de la proportion d'avocat

CONCLUSION

En définitive, cette recherche a portée sur l'étude microbiologique et organoleptique d'une pâte à tartiner à base de l'avocat. Un objectif de mettre au point une pâte à tartiner a été poursuivi, et de façon spécifique, des analyses microbiologiques et sensorielles du produit.

Elle a abouti à des pâtes à tartiner sucrée avec quatre différents traitements, qui ont tous subi les analyses microbiologiques au laboratoire. Ces dernières avaient pour objet de déterminer la salubrité des produits. Ensuite, s'en est suivi le test de dégustation qui a éclairé l'acceptabilité de notre pâte auprès des consommateurs.

Les analyses microbiologiques ont poussé à déclarer conforme les pâtes à tartiner pour tous les traitements sauf les levures et moisissures.

- Pour la FAMT, les cinq trainements sont de bonne qualité, conformes pour la consommation car tous les résultats trouvés (T0 :1068UFC/g, T1 :822UFC/g, T3 : 733UFC/g, T4 : 1000 UFC/g et T5 :668UFC/g) sont trop inférieur à 5 10^4 UFC/g quantité maximum et le seuil maximum de 10^6 selon les normes du ministère de la sante et AFNOR.
- Les *Staphylococcus aureus* sont dans les normes, pour dire que la consommation de ces pâtes à tartiner ne peut pas causer des troubles digestifs car ils sont inférieurs à 10^3 UFC/g selon les normes du ministère de la santé et 10^3ufc/g pour AFNOR. Pour T1, T2, T3 et T4 avec les moyennes respectives de 240ufc/g, 207ufc/g, 209ufc/g et 288ufc/g, nous constatons que le T4 à plus favoriser le développement des staphylocoques par rapport aux autres traitements, cependant le produit reste toujours propre à la consommation car ces moyennes sont largement inférieures au seuil de tolérance.
- A ce qui concerne les levures et moisissures, les traitements montrent un développement considérable des levures qui représentent respectivement : T0 avec 2482ufc/g ; T1 avec une moyenne de 2554ufc/g ; T2 avec la moyenne de répétition 2073ufc/g et enfin T3 avec 2299ufc/g. Ces moyennes sont confrontées aux normes qui préconisent que pour le nombre d'ufc/g ne doit pas dépasser 10^4 pour les levures et 10^3 pour les moisissures selon le ministère de la santé. Tous les traitements ont dépassés les normes parce que les produits n'étaient pas pasteurisés par peur que les

lipides s'y trouvant ne s'oxydent pas. Ceci impose l'utilisation de préservant inhibiteur du développement de ces germes.

- Quant à *Escherichia coli* une absence est remarquée dans tous les traitements.

Par contre, le jury degustatif a dans l'ensemble, apprécié le traitement T4 pour l'équilibre entre les goûts des ingrédients. Ces résultats ont permis d'atteindre les objectifs poursuivis dans notre démarche.

Dans le cadre d'apporter un ajout à la richesse scientifique, un joint est laissé aux chercheurs qui voudront bien exploiter l'analyse de notre produit sur le plan physico-chimique sans oublier son appréciation commerciale en detail.

REFERENCES BIBLIOGRAPHIQUES

- Aboiron, J., & Hameury, E., 2004, *Additifs alimentaires : Les lecithines.*
- Akroum S., 2011. *Etude Analytique et Biologique des Flavonoïdes Naturels. Thèse de doctorat physio-toxicologie :* Université Mentouri de Constantine.
- Amann C, Amann G, al. 2008, *Plantes de Mayotte.* Naturalistes de Mayotte. Le fruit
- Aminetou B., Aicha M. S, 2008, *Manuel de travaux pratiques de microbiologie,* Nouakchott
- Aurélie LECELLIER, 2013, Caractérisation et identification des champignons filamenteux par spectroscopie vibrationnelle. P194
- BABA-MOUSSA L., BOKOSSA Y. I. , BABA-MOUSSA F. , AHISSOU H. , ADEOTI Z. , YEHOUENOU B ., MAMADOU A., TOUKOUROU F. et SANNI A, 2006. *Etude des possibilités de contamination des aliments de rues au Benin : cas de la ville de Cotonou,* in : J. Rech. Sci. Univ. Lomé (Togo), 2006, série A, 8(2) : 149-156
- Bellin J.M., 1997, Levure in « *Microbiologie alimentaire » Aspect microbiologique de la sécurité et la qualité des aliments,* éd. Tec et Doc londers, Paris, pp 222-233
- BENAISSA R., SLAMANI L., 2018, *Contrôle de qualité de la matière première au produit fini suivi du process d'une pâte à tartiner,* Mémoire de master, Biologie et Physiologie cellulaire, 64p
- Blanco, E., Hodgson, D. J., Hermes, M., Besseling, R., Hunter, G. L., Chaikin, P. M., ... & Poon, W. C., 2019, Conching chocolate is a prototypical transition from frictionally jammed solid to flowable suspension with maximal solid content, *Proceedings of the National Academy of Sciences,* 10303-10308.
- Bruno Melgara, b, Maria Inês Diasa, al. *Bioactive characterization of Persea Americana Mill.* by-products: A rich source of inherent antioxidants.
- Cargill, IOI Loders Croklaan, 2016, Indonesian Palm Oil Association, Lipidos Santiga, Malaysian Palm Oil Council, Sime Darby, Unigra, Olenex., *European Palm Oil Alliance.* https://www.palmoilandfood.eu/fr/
- Castro-Alayo, E. M., Idrogo-Vasquez, G., Siche, R., & Cardenas-Toro, F. P., 2019, Formation of aromatic compounds precursors during fermentation of Criollo and Forastero cocoa. Heliyon, 1157p

- Cirad, 2015, *Avocat après récolte,* publié dans FruiTrop n^{0}243, 98-1O2 https://agritrop.cirad.fr/567885/1/document_567885.pdf

- Corral-Aguayo, R. D., Carrillo-Lopez, A., Yahia, E. M., Gonzalez-Aguilar G., 2008, *Correlation between some nutritional components and the total antioxidant capacity measured with six different assays in eight horticultural crops.* Acta Horticulturae, 1267–1274. http://doi.org/10.1021/jf801983r

- Csergo, J., 2008, Le sucre : de l'idealisation a l'ostracisme. *Cahiers de Nutrition et de Diététique*, 256-262

- Delacharlerie, S., Poncelet, C., Chene, C., & Sindic, M., 2012, *Evaluation de l'impact de 6 matieres grasses (palme et non-palme) sur les caracteristiques instrumentales et sensorielles d'une matrice de type cake.* Oleagineux, Corps gras, Lipides, 101-110. https://doi.org/10.1051/ocl.2012.0434

- Detournay O., CELIS N., 2020, *Conception d'une pâte à tartiner enrichie en probiotiques,* Liège, 230p.

- Ding H., Chin, Y. W., Kinghorn, A. D., D'Ambrosio, S. M., 2007, *Chemopreventive characteristics of avocado fruit. Seminars in Cancer Biology,* pp386–394. http://doi.org/10.1016/j.semcancer.2007.04.003

- Domergue, F., Helms, G. L., Prusky, D., Browse, J., 2000, *Antifungal compounds from idioblast cells isolated from avocado fruits.* Phytochemistry, p183–189. http://doi.org/10.1016/S0031- 9422(00)00055-8

- Fábio Tomio Yamassaki, Lucianow Henrique Campestrini,al, 2017, Avocado leaves: *Influence of drying process, thermal incubation, and storage conditions on preservation of polyphenolic compounds and antioxidant activity*, International Journal of Food Properties, 2280-2293.

- Guillaume, A., 1942, L'utilisation du Soja dans l'alimentation et dans l'industrie. *Journal d'agriculture traditionnelle et de botanique appliquée*, 191-197.

- Guzmán-Rodríguez JJ, López-Gómez R, Suárez-Rodríguez LM, Salgado-Garciglia R, Rodríguez-Zapata LC, Ochoa-Zarzosa A, López-Meza JE., 2013, *Antibacterial activity of defensin PaDef from avocado fruit (Persea Americana var. drymifolia) expressed in endothelial cells against Escherichia coli and Staphylococcus aureus,* Biomed Res Int,

- Heloiza Diniz Nicolella, Francisco Rinaldi Neto,ol, 2017, Toxicogenetic study of *Persea americana* fruit pulp oil and its effect on genomic instability. Food and Chemical Toxicology
- Ife Fitz James, Bas Kuipers, 2003, La *conservation des fruits et des légumes*, Bas Kuipers, 94 pages.
- International Journal of PharmTech Research, 2015, A Review on Persea Americana Mill. (Avocado) - Its Fruit and Oil. (India). , Vol.8, N°6, pp 72-77,
- J. F. GUTHMANN, Technique d'analyse et de contrôle dans les industries agro-alimentaires (Principes des techniques d'analyse), Lavoisier TEC&DOC.
- Jean-Louis C.U.Q, 2007, *Microbiologie des aliments,* France Site web : mon
- Jerry Cooper, Hans Dobson, John Orchard, 2011, Avocat (*PERSEA AMERICANA*), COLEACP, ed. Bruxelle, 54 pages
- Journal d'agriculture traditionnelle et de botanique appliquée, 1924, 101-106.
- Justina Y. Talabi1, Olukemi A., 2016, Nutritional and antinutritional compositions of processed Avocado (*Persea Americana* Mill) seeds, Asian Journal of Plant Science and Research, 6-12
- *Le guide d'intérpretation des levures et moisissures*, Europe, 2004
- Lecerf, J. M., 2017, L'huile de palme. *Médecine des Maladies Métaboliques*, 347-352.
- Leonard, Lewis Y and Pierre G., Sylvain, 1931, *Traité de Culture Fruitière*. Ensemble des Ouvrages Universitaires. Publie sous la Direction du Service Technique du Département de L'Agriculture et de L'Enseignement Professionnel, Port-au-Prince, 303pages, pp 237-253, http://doi.org/10.13140/RG.2.2.19879.55200
- Liu, C., Meng, Z., Cao, P., Jiang, J., Liang, X., Piatko, M., ... Liu, Y., 2018, Visualized phase behavior of binary blends of coconut oil and palm stearin. Food Chemistry, 266, 66-72. https://doi.org/10.1016/j.foodchem.2018.05.118 Consulte le 03/011/2019
- Loganathan, R., Subramaniam, K. M., Radhakrishnan, A. K., Choo, Y.-M., & Teng, K.-T., 2017, H*ealth-promoting effects of red palm oil: evidence from animal and human studies*. 196pages

- Lu, Q. Y., Arteaga, J. R., Zhang, Q., Huerta, S., Go, V. L. W., Heber, D., 2005, Inhibition of prostate cancer cell growth by an avocado extract: Role of lipid-soluble bioactive substances. *Journal of Nutritional Biochemistry*, 23–30. http://doi.org/10.1016/j.jnutbio.2004.08.003
- Maisonneuve et Larose, 2017, L'avocat, un désastre écologique pour le Mexique
- Marcket, 1972 : *Manuel de microbiologie,* Dermestadt, Allemagne, 445p
- Ministère de la santé, 2018. Gouvernement de Grand-Duché de Luxembourg : *Critères microbiologiques applicables aux denrées alimentaires Lignes directrices pour l'interprétation, 57p.*
- Mohammad Yasir, Sattwik Das, and M. D. Kharya, 2010, The phytochemical and pharmacological profile of *Persea Americana* Mill.
- Mohammedi Z., 2013, - Etude Phytochimique et Activités Biologiques de quelques Plantes médicinales de la Région Nord et Su, d Ouest de l'Algérie. 84 pages
- Peker k., 1962, Les noisettes, source de sante. *Revue forestière française*
- Pérez Álvarez, S., Ávila Quezada, 2015, Review Avocado (*Persea Americana)*
- Pouneyrol M. et Lafarge V., 1997, *Staphylococcus aureus* in « microbiologie alimentaire » Technique de laboratoire, éd. Tec et Doc londers, Paris, p2067
- Rodríguez-Carpena JG, Morcuende D, Andrade MJ, Kylli P, Estévez M, 2011, Avocado (Persea americana Mill.) phenolics, in vitro antioxidant and antimicrobial activities, and inhibition of lipid and protein oxidation in porcine patties, J Agric Food Chem, pp5625-5635
- Taş, N. G., & Gokmen, V., 2017, Maillard reaction and caramelization during hazelnutroasting: A multiresponse kinetic study. *Food chemistry*, 1911-1922

univ-montp2.fr/claroline/backends/download.php

- Wood, G. A. R., & Lass, R. A., 2008, *Cocoa.* John Wiley & Sons.
- Yakhlef G., 2010, Etude de l'activité biologique des feuilles de Thymus vulgaris L. et Laurus nobilis L., Thèse Magister, p78
- Zheng Y., Wang M., 2017, *composition nutritionnelle des aliments Ciqual – ANSES.*

- Zuliani V., Garry P., 2004, Les germes pathogènes dans l'industrie agroalimentaire. *Coloformes fécaux*, vol. 14, p.12-16

Printed by Books on Demand GmbH, Norderstedt / Germany